Ahmed Hasnaoui

Gérer ses sentiments

Ahmed Hasnaoui

Gérer ses sentiments

Éditions Muse

Imprint

Cover image: www.ingimage.com

Publisher:
Éditions Muse
is a trademark of
Dodo Books Indian Ocean Ltd., member of the OmniScriptum S.R.L Publishing group
str. A.Russo 15, of. 61, Chisinau-2068, Republic of Moldova Europe
Printed at: see last page
ISBN: 978-620-3-86521-9

Gérer ses sentiments

Avant-propos :

Mon nouveau voisin s'est montré trop gentil avec moi alors que j'emménageais dans ma nouvelle demeure. Il a été le premier à me souhaiter la bienvenue dans son quartier. Par la suite il m'a introduit dans sa demeure et a partagé son diner avec moi. Alors que moi je perdais un beau- frère depuis peu, lui mariait son fils, j'ai contenu mon deuil récent dans mon cœur et j'ai honoré par ma présence la noce du mariage. Tout ça et beaucoup d'autres comme le paiement de mon ticketdu bus ainsi que celui de ma fille à plusieurs reprises, avaient pour but d'installer un climat de confiance entre nous. Cependant, un beau jour je l'ai vu sortir, comme qui dirait, des roseaux plantaient au bord du chemin ! Par la suite j'ai su à qui j'avais affaire : un Diable en chair et en os. Lui et sa famille, femme et filles, pratiquaient la sorcellerie comme personne. Une guerre froide s'en est suivie.

Bien au début, lui avait l'assurance sinon le sentiment de me vaincre à plate couture car voyant en ma personne un individu ignorant de sa science Satanique, venu rien qu'avec ma petite famille, sans soutien aucun de la part d'un tiers du fait que peu des membres de ma famille me rendaient visite. Au fil du temps, je l'ai vu changer de tac tic et revoir ses calculs en développant d'autres sentiments envers moi qui ai au moins une idée sur sa personne. Plus de bonjour ni de bonsoir désormais, et au lieu et place une méfiance. Lui sait mieux que personne qui il est... et moi je ne pourrais être que son contraire. Lorsqu'il a pris consciencede cet état de fait, il a plié bagages pour aller végéter ailleurs.

Introduction

Nous vivons, nous êtres humains, notre passage sur terre à travers des ouverturessur le monde à savoir, les organes de sens qui sont : la vue, l'odorat, l'ouïe, le goût et le toucher. Ces organes sont comme le prolongement qui se veut que derrière l'image que voit l'œil ; le son que perçoit l'ouïe ; un aliment ou boisson ingurgité ; une odeur qui chatouille les narines ; air ou autre objet qui entre en contact avec l'organisme etc. cachent quelques choses susceptibles d'être connues ou induisent une manifestation de cet organisme pour se faire uneimage dans le cerveau et créer un sentiment de bien-être ou de malaise.

....

Il s'agit, entre autres, d'informations qui parviennent au cerveau, organe où sontprises les décisions : d'agir ou de s'abstenir de toute action. Toutefois, cela induitune prise de conscience et le développement de sentiments qui confèrent un caractère particulier, par exemple, à avoir avec untel pour lui réserver un traitement de faveur sinon de contrainte.

....

Gestion de sentiments veut dire, entre autres, prise de conscience d'une situationdonnée et puis un comportement en tenant compte de cette dernière. Il est des sentiments presque communs et d'autres spécifiques à certaines personnes. Cet état de fait à un rapport avec : la richesse ou la pauvreté ; la santé ou la maladie ; un niveau intellectuel ou un analphabétisme. Mais ce qui prime dans cette affaire et a son pesant d'or serait une ambition et une assurance de soi lesquels sont unesorte de denrée rare.

On se plait, en effet, et on s'accommode à rester en bas de l'échelle sociale et parfois on hérite d'une place en haut de la pyramide et on pense pouvoir s'y maintenir sans bouger le petit doigt.

……………………………… ……………………………… ……………………

Des sentiments non gérés ressemblent à un bien délaissé ; une terre cultivable laissée en friche. Il pourrait s'agir d'une erreur qui s'assimile à une idée fausse quese fait un individu d'où absence d'une réaction, ou bien à un coup de feu à blanc et tiré en l'air par-dessus le marché sinon un coup d'épée dans l'eau. Il est aussi l'interception d'idées tordues pour lesquelles on oppose des sentiments hors contexte.

……………………………… ……………………………… ……………………

Gérer c'est prévoir ; c'est anticiper, d'autant qu'il s'agit, parfois, d'une lutte pour la survie et le maintien dans de bonnes conditions un organisme. Ce qui se passe autour de nous nous affecte à tel point qu'on imagine des situations genre prévisions : en cas de…. qu'est-ce qu'il y a lieu de faire ? Peut-être que c'est là unesorte d'avertissement qui émane de l'âme qui nous habite et qui utilise le cerveauen cas de danger éventuel. Et qui dit que notre destin n'est pas trace dans notre cerveau, et que, parfois, les conditions se trouvent réunies pour accéder à quelque chose qualifiée de bien ou de mal ? Un mal qui nous attend au tournant, avertis, on lui réserve un traitement d'avance ; le cas contraire, un bien est poursuivi par comme une ombre du mal pour le détourner de sa destination etc.

…………………… ……………………………… ……………………………………

La gestion d'une certaine manière est le fruit d'un long travail revu et corrigé au besoin par des gens de tête. Elle repose sur des bases solides avec des lois et des règles. Le présent bouquin, une participation au développement de tout individu soucieux de son avenir au sein de la société dont la vie a tendance à se compliquerchaque jour d'avantage, se veut une sorte d'adaptation par le moyen de cette gestion de sentiments que peut avoir un individu où qu'il soit, logeant à très bonne enseigne ou pataugeant dans une fange de misère.

Chapitre : 01 La gestion... tout un monde

La gestion est présente un peu partout dans tous les domaines de la vie en société. Là où il y a action, à entreprendre par une plusieurs personnes, est introduite en parallèle, nécessairement, une action, celle de gérer. Production d'un bien ou prestation d'un service, il faut organiser, calculer, peser, veiller aux grains. Il s'agit ni plus ni moins de réglementer cette production ou prestation deservices et l'inscrire dans un circuit ouvert ou fermé. Ainsi, au niveau des administrations ; des unités de production etc. s'impose la création d'une direction de gestion sinon un département ; le cas échéant un ou plusieurs services. Sans une gestion on ne peut savoir qui fait quoi !

....

Au niveau d'une entreprise de production d'un bien, par exemple, il y a d'abord un personnel ou effectif, en l'occurrence des travailleurs à gérer. Les lois du travail exigent d'assurer le transport de ces derniers, leur restauration et leur sécurité par le moyen de vêtements appropriés, tout ça au frais de l'employeur.

....

Tout comme les organes qui constituent le corps humain, la gestion des ressources humaines (G.R. H.) travaille en collaboration très étroite avec les autres services de l'entreprise. Absentéismes, maladies concernant les travailleurs ainsi que les annotations pour prime de rentabilité etc. sont signalés au bureau des effectifs.

Mais, il y a le travail lié à la production d'un bien par exemple, qui nécessite des achats et approvisionnements des produits de fabrication ou de transformation. La gestion des stocks au niveau des magasins est susceptible d'assurer une production dans des délais afin de satisfaire une clientèle sinon provoquer des arrêtes de production. En bref, au sein de toute institution chaque élément gère un quelque chose ; lui –même est géré par un autre appartenant à une section, unservice, un département, une direction.

Chapitre : 02 Paramètres de gestion

La gestion, grosso modo, pourrait être assimilée à un code de la route permettant la circulation des automobilistes. Ce n'est pas la mer à boire, mais ce qui est à retenir pourrait être cité comme suitcirculer sur le côté droit de la chaussée ; respecter les plaques de signalisations et autres flèches peintes sur la voie. Mais ça ne s'arrête pas à ce stade du fait que ce code de la route n'est pas respecté par tous les automobilistes. Il y a des chauffards ; des ivrognes ; des conducteurs qui ont acheté leur permis de conduire etc. qu'il faut prendre en considération afin parfois de sauver sa peau.

……………………………… ………………………………… ……………………..

La vie en société diffère d'un milieu à un autre. En milieu urbain, par exemple, il y a une division du travail pour que les habitants accomplissent une tache, se restaurent, scolarisent leurs enfants ; on parle dans ce cas précis d'une gestion dela cité. Une rude tâche qui tient compte du nombre des habitants d'une ville. Plusle nombre des habitants augmentent et plus les choses se compliquent. En milieu rural, par contre, le nombre des habitants au kilomètre carré se compte sur le bout des doigts. On est : cultivateur, éleveur de moutons, de volaille, et de ce faiton est producteur d'un bien de consommation quelconque à mettre à la disposition des habitants des villes. Et si le citoyen du milieu urbain se soucie beaucoup plus d'une paye à percevoir à chaque fin du mois et essaye d'en user àbon escient, le cultivateur ou fermier a d'autres chats à fouetter et une gestion liée à un travail à fournir à autrui.

……………………………… ……………………………… ………………………

L'être humain a dû copier sur la nature et le comportement des animaux, oiseauxet insectes ; un exemple édifiant chez les fourmis qui passent tout l'été à stocker des grains pour les consommer en hiver où elles ne peuvent plus sortir chercher leur nourriture. L'être humain, lui aussi passe par différentes phases de son existence : des périodes fastes où il convient d'engranger des biens de toute sorte pour d'autres périodes de : maladie, de chômage etc. de la quête d'une stabilité, d'un bien être, est née la gestion économique ; de stocks ; industrielle etc.

Chapitre : 03 La gestion… une discipline avant tout

Il est plus simple de gérer un seul produit que de gérer une centaine voire des milliers. En plus de cela, gérer, entre autres, c'est prévoir, anticiper une situation susceptible d'avoir lieu pour une action à entreprendre dans ce cas précis. Avec des informations fiables, en main, normalement tout va pour le mieux avec un bon gestionnaire. Cependant, il est des choses indépendantes de sa volonté. On parle d'aléas, mais il y a toujours possibilité de redressement de la situation par le moyen de thérapie de choc. Il se passe comme avec une personne malade qui se présente chez un médecin, ce dernier examine le patient et lui prescrit un traitement. Il y a douleur, un trouble quelconque dont l'origine est à déterminer par le moyen : des analyses à faire, de radiologie. Le gestionnaire, lui, procède à des estimations pour situer la panne, quelque chose qui grince ; un produit qui faitdéfaut ou accuse du retard à la conception d'un autre produit ou à sa livraison dans les délais. La situation se complique d'avantage lorsqu'il y a gestion de crise.

…………………………………… …………………………………… ………………………

La nature a horreur du vide ; elle est en perpétuel mouvement. Equilibre et son contraire font mouvoir le monde, parfois d'apparence folle. Dans cet ordre d'idée,le pire qui puisse avoir lieu, en matière de gestion, serait celle liée à des crises.

Une crise est le résultat d'un ou plusieurs problèmes qui concourent pour provoquer : une panne ; une rupture, au niveau d'un secteur donné ; il y a des secteurs importants où le moindre petit problème est à même d'ébranler les assises d'un état ou nation.

……………………………… ……………………………………… ……………

Au sein d'une communauté, les responsables politiques, au niveau de l'administration, veillent à ce que, au moins les produits de première nécessité soient disponibles sur le marché, à des prix abordables pour la population. Et il pourrait y avoir absence de tel produit. Au fur et à mesure que le temps passe, l'écho parvient jusqu'aux hauts responsables du secteur lié au produit qui fait défaut, et plus encore aux décideurs de l'état. Le temps c'est de l'argent, et il faut agir en extrême urgence afin de solutionner ce problème avec les moyens disponibles.

Chapitre : 04………..G.R. H H comme humain

Gérer des effectifs, des travailleurs hommes et femmes, au sein d'une entreprise n'est pas du tout assimilée à l'opération de mettre en stock des pièces pour être montées sur un équipement ou appareil. Quelle que soit sa difficulté, la gestion des stocks demeure une opération simple à exécuter par un spécialiste en la matière. Un gestionnaire de formation, ex responsable au sein d'une entreprise demontage de véhicules industriels, nous parle :

….. J'ai mis un pied dans le secteur de l'industrie de montage de camions et bus àl'âge de 23 ans. Je venais de terminer mon service national qui était à l'époque dedeux années durant lesquelles j'ai eu le grade de sergent. Ce grade a été obtenu après 06 mois de formation. Par la suite j'ai été affecté à une autre base militaire aérienne. Il était question bien au début de nous caser, moi et cinq autres, dans un atelier de maintenance mécanique de moteur cellule d'avions. Malheureusement, le destin a voulu autre chose du fait qu'on a tous rejoint la compagnie pour faire de nous des instructeurs de nouvelles recrues de réserve.

…………………………… …………………………… ……………………………

Bien avant de rejoindre les rangs de l'armée pour effectuer mon service, j'ai joué àl'apprenti d'ouvrier agricole, après avoir été exclu du lycée, faute de place disponible et une sélection très serrée --j'avais eu la malchance de choisir la branche scientifique bilingue où il y avait un monde foucela m'a valu d'être orienté vers un autre secteur d'enseignement. Sans un livret militaire sinon une attestation de n'on aptitude, je n'avais pas où aller, sauf à un domaine autogéré pas très distant de mon domicile.

Durant deux années, donc, j'ai eu à fréquenter des ouvriers agricoles, jeunes et vieux, sans instruction aucune, et développant une mentalité de l'âge de pierre.

Mais c'était quand même une expérience qui allait servir plus tard et pourquoi pas : donner des fruits.

……………………………… …………………………………. ……………………

Dans la caserne avec mon grade de sergent aux épaulettes, au milieu de mes élèves, des hommes de troupe, je passais pour un jeune érudit qui excellait dans deux langues. À la fin de mon service, le responsable d'une section de gendarmerie, présente dans la caserne, s'est intéressé à ma personne afin de signer un contrat d'au moins une dizaine d'années. J'ai presque cédé à la tentationdu fait qu'il fallait, peut-être, galérer pour décrocher un poste de travail dans la vie civile.

………………………………… …………………………….. ………………….

Cependant, il y a eu plus de peur que de mal du fait qu'à peine avoir mis les pieds hors de la caserne, une demande d'emploi fut envoyée et une réponse d'acceptation n'a pas tardé à venir !

Chapitre : 05 Formation sur le tas

En ce qui concerne quelqu'un qui a des bases solides, une parfaite touche à tout, làoù il est mis pour apprendre un métier, cela ne pose, normalement, pas de problème majeur.

Et Mr. Hmida a fait le constat, par lui-même, pour avoir été confronté à un tas d'autres jeunes individus de son âge, fraichement arrivés sur le marché de l'emploi. Mr. Hmida a été recruté comme agent d'enlèvement de marchandise, ce qui veut dire être menu d'un chèque remis par le service de comptabilité ; un bon de commande, et se présenter chez un fournisseur, accompagné d'un chauffeur, pour ramener une marchandise au magasin. Cependant, il est des agents malins, un collègue de bureau, ancien de la boite, a vu là une occasion, rare, pour sortir sedéfouler dehors et bénéficier d'une prime de déplacement, et par conséquence, il a troqué son poste de travail contre le sien. Mr. Hmida s'est retrouvé derrière un bureau des pièces de rechanges importées du continent Européen, des U.S.A etc.

....

A cette époque, les années 1980, l'informatique n'était pas encore utilisée dans gestion. Il y avait : un registre sur lequel on consignait le numéro de commande ; le nombre d'articles ; la date d'émission ; le délai de livraison ; le mode de transport aérien ou maritime etc. le bon de commande lui-même est mis dans une sous chemise sur laquelle étaient reprises les mêmes renseignements consignés sur le registre, et puis placée dans un dossier suspendu dans un bac, parfournisseur sinon par famille de pièces de rechanges.

....

Le travail d'agent d'approvisionnement, en lui-même, est un travail simple du moment qu'il était scindé en deux tâches distinctes à savoir : l'opération achats etle suivi de commandes, sans des problèmes que la hiérarchie crée pour filer le train à des agents mal dans leur peau, cas de Mr. Hmida. Plus tard ce dernier découvrira avec stupéfaction qu'il souffrait de quelque chose comme un handicappour s'insérer dans le milieu professionnel.

Chapitre : 06 Gestion achats/ approvisionnements

Mr. Hmida se souvient comme si cela datait d'hier de son entrée à l'usine. A la première heure, convocation à la main, il a déposé la C.N.I au poste de garde et il s'est rendu au service de recrutement. Très vite il a rejoint de bureau de médecinedu travail où il y avait un groupe de jeunes, des nouvelles recrues comme lui. En après- midi il est affecté à une section implantée aux services généraux mais dépendante de la D. A.A. Confié au plus ancien de la section appros/p.r. ce dernierlui a brossé un tableau pour décrire en quoi consiste son intervention en qualité d'agent appros.

....

Mr. Gouzah s'est révélé un fin connaisseur en matière de gestion des approvisionnements. Toutefois, il a nié de citer sur son passage l'art et la manière de gérer, hormis les relations qu'il faudrait entretenir avec ses collègues de travail,la hiérarchie etc. En véritable loup sous une peau de mouton, Mr. Hmida apprendra à mieux le connaitre beaucoup plus tard et lui réserver bien des surprises.

....

Nageant contre vent et marais, Mr. Hmida, en élève studieux, a vite appris par cœur sa leçon. Quelque temps plus tard, on lui confié de nouvelles recrues à qui ila enseigné les rudiments du métier. Comparativement à ses collègues qui ont brulé des étapes et être promus à des postes supérieurs, lui a mis du temps pour gravir une à une les marches d'un escalier présentant de grandes crevasses par endroit et ralentissant la progression. Difficilement, il a été envoyé pour suivre une formation accélérée de technicien appros pour revenir observer une situationgéo stationnaire qui durera presque 20 ans.

Chapitre : 07 Citoyen... avec ou sans métier

Mr. Hmida n'a jamais imaginé écrire un jour des bouquins de quelle nature qu'ils soient encore moins : la gestion des sentiments. Il y a eu une préparation psychologique à cette fin qui n'est qu'un cumul de haine pour avoir été lésé dans ses droits fondamentaux. On est plus ou moins sensible à ce qui évolue autour desoi.

....

Il est des gens pour qui un métier de quelle nature qu'il soit résume leur passage sur terre. En dehors de leur atelier, bureau ou comptoir, c'est comme s'ils n'existaient plus, du fait qu'ils passent plus de temps au boulot que chez eux. La plupart des prolétaires ne voient pas leurs enfants grandir et n'ont rien ou peu deconnaissance sur leur mentalité, parfois, jusqu'à ce qu'ils commettent un délit, pour se réveiller de leur turpitude celle de courir derrière un petit crouton de pain.

....

L'appétit vient en mangeant ; il est plus facile de donner un crouton rassis que de l'enlever à quelqu'un sans crier gare. Ainsi, certains individus, conscients de leur situation, essayent de s'agripper à un bout de pain, en l'occurrence un salaire, au milieu d'une mer houleuse qu'est le marché de l'emploi. Avec ses hauts et ses bas, ce dernier réserve bien des surprises aux travailleurs non avertis lesquels se retrouvent du jour au lendemain au chômage pour des causes diverses liées à des crises économiques, surtout dans les pays du tiers du monde. Ainsi on use de tous les moyens pour continuer à avoir sa dose de sérum en fin de chaque mois. Pour combien de temps ? Jusqu'au trépas.

....

Mr. Hmida, en mettant un pied dans la fonction au sein d'une société nationale d'une grande envergure, cela se passait alors que la gestion socialiste des entreprises battait son plein. On parlait à cette époque de garderies pour adultes ; une politique qui a fait son temps pour disparaitre à jamais. Une crise, en effet, secoua les quatre coins du pays et beaucoup de travailleurs ont été mis en retraiteforcée sinon attirés par une rupture du contrat moyennant quelques sous. Avant et après cette mascarade, Mr. Hmida, encore très jeune, a eu à connaitre et avoir une idée sur la mentalité de ses collègues laquelle a servi plus tard à tâter le roman et faire comme une synthèse des connaissances acquises.

Chapitre : 08 Le sentiment... une arme à double tranchants

Il est plusieurs sortes de travailleurs surtout au sein des sociétés nationales où jusqu'à une date récente régnait une sorte d'anarchie. Certains n'ont aucune entrée d'argent que leur maigre salaire. Cela concerne les simples ouvriers, des exécuteurs, qui n'arrivent pas ou difficilement à joindre les deux bouts du mois. Ceux- là, il est parmi eux, qui rampent devant leur hiérarchie et s'acquittent de leur tâche avec la peur au ventre. Mr. Hmida appartient à cette catégorie sans toutefois perdre sa dignité et ramper. La peur ? Il a toujours eu ce sentiment jusqu'à son départ en retraite. Cependant, ses collègues de bureau développaienttoute une autre mentalité.

....

Des jeunes travailleurs à l'abri du besoin, célibataires, cherchant à passer un temps en quête d'une aventure, Mr. Hmida en a connu un tas. Le fils d'un riche fermier, possédant des centaines d'hectares, était un collègue du bureau avec sa voiture, une super 05, qui a fait ravage en ces temps- là, grise métallisée, ce dernier a joué au gestionnaire de fourniture locale, avec prime de véhicule et uneautre prime de déplacement. Il a fait des misères à la société par un laisser-aller total jusqu'au jour où il en avait marre et a disparu de la liste des effectifs, sansdémission ni préavis.

....

Mr. Hmida en a connu, un autre, aventurier, venu se taper des vacances au sein dela société. Neveu d'un haut cadre de l'état, il ne cessait de répéter à qui voudrait l'entendre que son père le sommait de revenir consommer son chômage, tranquillement, aux frais de la princesse. Logé, nourri, blanchi, marié sans débourser un seul centime, par les membres d'une famille pleine aux as. Lui aussi s'est éclipsé un soir sans dire à dieu à la compagnie !

....

Pendant que Mr. Hmida essayait de venir à l'heure à son poste de travail, et se hâtait de franchir le poste de garde, pour aller ponter son carton, que de fois il aeu le loisir d'observer, de loin, des collègues se dandinant de droite à gauche, rejoignant leurs bureaux, sans se soucier de l'heure, encore moins de leur hiérarchie !

....

Le comportement des uns et des autres, et puis son attitude à lui, Mr. Hmida, ontfini un jour par développer, dans sa tête, une conscience de la diversification en matière d'appréhender l'existence sous un angle qui sied avec ce qu'on a dans lespoches sinon compter sur l'assistance d'un tiers en cas de problèmes majeurs ; dans bien des cas, un espoir et un seul apporte du baume au cœur pour vivre en paix.

Chapitre : 09 Ce qu'il y a derrière le sentiment

Le sentiment, n'est en fait, qu'une fumée qui émane d'un feu qui brule entre les entrailles d'un individu. Mais pour qu'il ait feu cela suppose l'existence d'un combustible quelconque et une étincelle à toute fin utile. Dans la vie courante l'être humain a découvert le feu par accident et en a mis du temps pour faire bon usage. Les produits inflammables se trouvent dans la nature ; on peut faire feu detout bois. Plus tard, d'autres produits, découverts aussi, se sont révélés très inflammables pour servir à la cuisson des aliments : gaz ; pétrole etc.

....

Un des quatre états de la matière est le feu. L'être humain use dans son langage au quotidien d'expressions où le feu revient constamment, ainsi il est question de : dans le feu de l'action ; avoir le feu aux fesses ; ne voit que du feu etc. une simple étincelle allume un feu dans la nature. L'être humain, lui, est affecté par la rage de vivre ; l'angoisse ; le stress ; l'idée d'être lésé dans ses droits etc. tout celagénère une sorte de feu qui laisse un individu fumer de rage ou de plaisir. A un degré tel, on n'est plus en mesure de gérer ses sentiments ou de contenir ses émotions ; dans ce cas on est en proie au délire.

....

Les sentiments, une manifestation naturelle qui traduit un bien être sinon le contraire. Il est des sentiments simples, superficiels, faciles à déterminer et à traduire dans le langage courant ; d'autres sont profonds ; ambiguës ; très difficileà saisir leur sens. Il est des sentiments muets et d'autres, que le corps, inconsciemment, accompagne par des gestes ; des rires ou des soupirs. Et la liste est loin d'être close du fait qu'on vit à travers nos sentiments en essayant de les expliquer, parfois sans y parvenir.

Chapitre : 10 Le sentiment… un P.I. B.

De la naissance jusqu'au trépas, un individu ne fait, entre autres, que de cumulerdes sentiments en son sein. Il trimballe comme un sac, parfois plein à craquer, avec lui, à travers lesquels il appréhende son existence. Cela constitue une expérience, en quelque sorte, et un développement d'une mentalité permettant d'aller de l'avant sinon mettant un ralentisseur ou un frein à toute évolution.

………………………………… ……………………………… ………………………………

Une mentalité, c'est quoi au juste ? Entre autres, des sentiments et leurs contraires…. Comme sur une voie à double sens, les uns s'annoncent à grandes pompes et passent comme un éclair pour disparaitre à jamais dans le lointain horizon. D'autres, on les voit venir lentement de loin, progressant à pas d'escargot, ils font comme quelqu'un qui hésite et voudrait rebrousser chemin. Une fois arrivés à notre proximité, ils marquent un arrêt plus ou moins long. Liésà quelque chose de vraiment grave ou lourd de sens, tout autre sentiment doit faire la queue et solliciter une autorisation pour doubler ou à passer au poste de douane pour être identifier et prendre une destination temporelle ou finale.

………………………………… ……………………………… …………………………………

Mais le sentiment est un pur produit conçu par l'organisme, en contact avec tout ce qui l'entoure. Il est affecté par : la chaleur comme par le froid ; le bienêtre et lemalaise sous toutes ses formes. Il réagit en conséquence dans le bon sens sinon complique d'avantage son existence.

Chapitre : 11 L'être humain.... Une nomenclature !

Mr. Hmida revient comme d'un voyage qui l'a mené loin dans le temps et dans l'espace, pour dire que le métier de gestionnaire des achats et appros puis celui des ordonnancements a été pour beaucoup de choses quant à ses tentatives toujours répétées pour essayer de donner un avis sur un tas de choses des différents domaines de la vie.

Au complexe industriel et plus particulièrement lorsqu'il a suivi la formation de T.S. en gestion de production (G.P.A. O) il a été question de nomenclature, unterme qui revenait sans cesse.

....

Au complexe industriel il y avait toute une gamme de produit, différents véhiculesà monter selon des commandes émanant de plusieurs usagers, selon un programme annuel prévisionnel appelé à être révisé au besoin. Et il était question de nomenclature arborescente qui n'est qu'une liste de pièces ; ensembles de pièces ou organes qui constituent un véhicule. Comptant treize niveaux, dans la plupart des cas, au premier niveau de cette nomenclature on a le véhicule lui- même, puis on procède au désossement pour enlever : la coque ou carrosserie ; les pneus ; les pièces mécaniques ; le garnissage etc. jusqu'à la simple vis et écrou entrant dans l'assemblage des pièces. Mais qu'est-ce qu'elle a à avoir cette nomenclature avec le corps humain ?

....

L'être humain, lui est constitué de :

----- une matière plastique (chair) ;

---- un liquide qui circule à travers le corps (sang) ;

---- une matière dure (os) ;

----- des humeurs salive ; morve ; larmes ; sueurs) etc.

L'ensemble de ces matières précitées renferment de l'eau, soit 75% du poids totald'un individu. Mais l'être humain n'est pas un équipement ou machine conçue pour exécuter un ou plusieurs tâches, et dépendant d'une source d'énergie, à savoir un moteur qui tourne et faisant mouvoir un engrenage, qu'on peut actionner sa marche et mettre à l'arrêt.

L'être humain, lui et les animaux, oiseaux et insectes, sont animés d'un souffle devie qui prend effet à la naissance et avec son arrêt il y a disparition de la surface de la terre de ces entités.

....

La différence entre une machine et un être humain est que ce dernier se prend en charge par lui-même, et cette prise en charge n'est pas du tout facile comparativement à un animal, oiseau etc. du fait qu'il faudrait patienter jusqu'à l'âge adulte lequel s'étale sur une vingtaine d'années. De la venue au monde jusqu'à cette date de l'âge adulte, un individu est pris en charge par ses parents ou tuteur. Non seulement, le souci d'avoir son énergie est plus ou moins assurée, en plus il y a comme une formation, une éducation, pour évoluer sur un terrain, parfois, hostile.

....

Educations, vous dites ? Elle peut être assimilée à un stage de formation de gestion, entre autres, des sentiments que le futur citoyen de son état aura à développer en contact avec ses semblables. Dans cette optique, ce citoyen pourrait saisir mal le message des parents ou mal interpréter les informations reçues et plus encore, les parents ou tuteur étaient eux- mêmes dans l'erreur et leur vision a fait son temps pour ne plus permettre d'atteindre leur but. De ce fait,il pourrait développer des sentiments qui vont à contre- courant de ce qui prévautsur le terrain, et agir en conséquence en passant carrément à côté de la plaque.

D'un ou plusieurs sentiments on se fait une idée vraie ou fausse, et cela induit l'installation d'une mentalité pour un temps sinon pour toujours.

Chapitre : 12 La religion ; la morale et l'éducation

L'éducation pourrait s'inscrire d'une manière générale dans la religion et la moraledu fait que l'éducation englobe tous les domaines de la vie courante. Elle ne vise qu'une préparation à la vie en société. Hélas, parents et tuteurs, dans bien des cas, ne remplissent pas leur rôle comme il se doit. Parfois, ils n'ont pas les qualités requises pour être comme tels. Au lieu et place d'inculquer un savoir étendu et surtout une assurance de soi ; ils plongent leur progéniture dans un climat de peur.

Sentiments de peur, d'angoisse, d'incertitude, d'hostilité des autres envers leur personne, le doute, etc. qui induisent, pour être inoculés à chaque fois que l'occasion s'y prête : la sensation d'être mal dans sa peau. Ainsi, les informations, qui parviennent aux oreilles de jeunes individus, mettant un pas dans le milieu desadultes, sont comme déformées, hors contexte ; les images sont floues et assombris par un horizon noir.

....

Déjà, un individu, bien éduqué, et placé sur rails par des parents conscients de leur devoir de construire une personnalité d'un être issu de leur chair, trouve des difficultés à faire la part des choses en matière de sentiments. Le cerveau humain est conçu pour statuer sur un fait et son contraire, à des degrés allant de mieux enmieux sinon de pire en pis. Que dire alors, si le bien du mal ne peut être décerné ?

....

Sur quelle base sont déterminé le bien et le mal ? Tout dépend de l'angle de visionsous lequel est perçu l'objet convoité ou le but recherché. Au sein des sociétés d'aujourd'hui les cartes sont brouillées ; entre ceux qui veulent tout et tout de suite et ceux qui observent de la patience, on dance sur pied puis sur l'autre avantde prendre une décision réfléchie. Et puis il y a le sentiment qu'on peut avoir en excès ou bien le perdre tout bonnement !

Chapitre : 13 Sentiments en rade ou bien inconnus au bataillon…

Parler des sentiments ne pourrait se faire sans situer leurs emplacements dans le cerveau. Tout comme une tour de contrôle, à laquelle tous les organes sont rattachés, et qui reçoit des informations via les ouvertures sur le monde extérieurà savoir : yeux ; oreilles, nez ; langue ; peau etc. et c'est à ce niveau que le sentiment est né pour signifier un bien être ou un malaise. Toutefois, le centre de décision, le cerveau, est susceptible de se tromper, compte tenu d'un programme inscrit en son sein, d'où il est nécessaire voire primordial d'apporter un correctif en adéquation avec ce qui prévaut sur le terrain. Le contraire y joue un rôle capitaldans ce sens.

Rester de marbre, en vivant des situations de tout genre ne peut se faire, sauf lorsque la conscience fait défaut. Le tri des informations à faire passer pour quelque chose comme un poste de douane avec consigne qu'untel doit avoir un traitement de faveur, cela est du domaine du possible. Sans sentiments envers unautre individu ou une action à faire passer sans commentaires n'est pas du tout à écarter.

……………………………… ………………………………… …………………………

Dans bien des situations, suite à un mauvais traitement subi de la part d'une personne, le cerveau développe un sentiment de haine lequel durcit le cœur. Dansdes cas d'une certaine gravité, il y a comme un repli sur soi en faisant montre d'une indifférence lorsqu'il n'y a pas un profit à tirer d'une affaire. Ainsi, les sentiments sont distillés au compte-gouttes. A tort ou à raison, il y a gestion rigoureuse qui pourrait durer dans le temps. La personne affectée aura l'apparence, de par son comportement, d'un automate qui exécute des tâches au quotidien avec une totale indifférence vis-à-vis des autres qui évoluent dans son environnement.

....

Un centre nerveux qui porte le nom d'affectif est touché, les causes pourraient être d'ordres divers. Le résultat est le même ou presque. Dans cet ordre d'idées, on devient sensible aux malheurs des autres à tel point qu'on se délaisse de tout bien au profit d'un miséreux rencontré un peu partout. On ira jusqu'à avoir idée qu'on a mission de par les quelques sous qu'on a dans la poche de soulager untel de son fardeau ! Etc.

Chapitre : 14 Des sentiments de circonstances

Il est des individus qui jouent avec les sentiments des autres. On trouve parmi eux,ceux et celles qui étalent une misère afin de quémander une aumône. Et puis il y a parfois tout un discours à prononcer d'une voix chevrotante sinon une sorte de refrain d'une chansonnette à expédier avec brio afin de toucher la fibre sensible des passants. Au jour d'aujourd'hui la mendicité est devenue un métier qui s'apprend sur le tas en côtoyant des confrères ayant une longue expérience dans la profession. Sont touchés par cette invitation à se débarrasser, au moins de la petite monnaie, des personnes des deux sexes vivant des problèmes au quotidien. Ils pensent accomplir une bonne action, mais le fond reste la méconnaissance totale de cet individu assis à même le sol, en haillons, les pieds nus etc.

....

Mais il n'y a pas que les mendiants qui excellent dans la psychologie des sentiments et l'art de vivre sans trop se casser la tête en faisant de longues études ou suivre des formations pour exercer un métier, parfois à risque. Sauf du respect de l'art en général, il est des parasites qui vivent en marge de la société et constituent une communauté à part, genre caste ; qui regroupe en son sein des soi- disant artistes. Dans bien des cas, ce sont des citoyens de leur état, des individus éveillés pour avoir fait des études très poussées sinon qui ont une espèce de clairvoyance à même d'éclairer leurs semblables afin de contrer des politicards de tout bord.

Hélas, ce n'est pas toujours le cas comme d'ailleurs dans tous les domaines d'activités. Il n'y a ni plus ni moins de la mauvaise graine qui cherche à exploiter la sensibilité des autres. Dans cette optique, ils créent de toute pièce des situations d'un amour impossible ;

---- un exile forcé en terre étrangère ;

---- une maladie incurable etc.

Le plus beau dans cette affaire, qui prête à équivoque, c'est l'existence de clients qui raffolent d'une marchandise aussi bien en matière de sons ; d'images ou accouchés noir sur blanc retraçant des histoires à dormir debout. Hormis, parfois, le perfectionnement de la langue dudit produit mis à la vente, le consommateur ne tire aucun profit.

Chapitre : 15 Suite à un déséquilibre psychologique….

La santé mentale d'un individu n'est pas toujours au beau fixe. Déjà par le fait même qu'il est perte d'énergie par le corps puis une restauration par le moyen des aliments et boissons ; du repos la nuit et parfois une sieste à midi et bien d'autres, le cerveau, centre où sont prises les décisions, est affecté en restant un tant soit peu en manque de cette énergie vitale. Tout, avec qui l'organisme entre en contact, a une action directe sur un organe de ce corps et plus encore sur l'ensemble. Et l'information parvient jusqu'à ce centre précité. Sans l'ombre d'un doute, il y a gestion d'un besoin à satisfaire ; un danger à éviter ; et l'information ici n'est qu'un message à décoder au niveau du cerveau, et une suite lui est donnée. Toutefois, il y a d'abord identification du message en lui-même, son urgence et sa gravité, puis sa mise sur une liste d'attente. Cependant, il arrive que cette machine à penser déraille partiellement ou entièrement.

………………………… …………………………… …………………………

Les yeux voient et les oreilles interceptent des sons divers. Tout de suite ou bien après temps, on se fait une idée vague ou précise, pour se situer dans l'espace oudans le temps, selon la qualité des informations qui parviennent au cerveau et bien d'autres considérations qui constituent comme un compte d'une valeur et qui servent de lancement d'un tas de projets genre perspectives d'avenir ; des décisions sont, parfois, prises pour tenter une aventure !

………………………………… ………………………………… ……………………

En matière de gestion de sentiments, il n'est pas exclu de se faire une idée ausse ou d'intercepter des idées noires. Cela génère bien des attitudes pondérées ou des actions qui passent carrément à côté de la plaque, visant l'aléatoire au détriment de l'essentiel.

Un individu, avec un cerveau détraqué, se fait des illusions, des images qu'il peint dans un lointain horizon, et met du cœur à l'ouvrage et essaye de réaliser des situations utopiques, du fait qu'il n'a ni le temps ni les moyens pour parvenir à cette fin.

Chapitre : 16 Les autres et moi… puis les sentiments

Mr. Hmida, aujourd'hui à la retraite, revient pour nous éclairer sur cette gestion des sentiments. Hier, il était en plein dedans, d'un milieu de travailleurs.

Aujourd'hui, il évolue en retrait, assis sous un arbre à proximité d'un bureau de poste en jouant à l'écrivain public, tout récoltant un petit pécule pour la prestation d'un service pour les clients de la poste--- la plupart ne savent ni lire ni écrire

et puis d'autres qui lui soumettent des papiers de tout genre à leur traduire en leur langue maternelle ; des demandes diverses qu'il entreprend d'écrire, une sorte de mémoires en mettant noir sur blanc une expérience d'une vie qui s'étale sur une période de plus de 60 années.

…………………………………… ………………………………… ……………………

Mr. Hmida, écrivain public en plein air et sans agrément, pense que tout malheur a quelque chose de bon, si la personne affectée réalise que dans toute cette affaire elle a une certaine responsabilité. Commence alors un travail en bonne et due forme pour réajuster le tir. Il y a lieu de poser certaines questions cruciales qui ont trait au comportement des autres évoluant dans l'environnement immédiat. Mr. Hmida, à un moment de son existence, ne sachant plus quelle attitude adopter, a imaginé un autre membre de sa famille, en l'occurrence un individu méchant, à sa place face à une difficulté majeure : --- qu'est-ce qu'il auraitfait ? S'est-il dit.

Avec cette possibilité il s'est donné matière à réflexion afin de résoudre un problème épineux, il y a eu comme une ouverture sur la manière de gérer ses sentiments.

………………………… …………………………… ……………………………………

Au sein d'une même famille, issus de même père et de même mère, ayant tété le même sein, untel après quelque temps devient méchant ; un autre cherche vaille que vaille à emprunter une voie qu'il estime le mener à bon port en pratiquer le bien ; de cette approche, il a une idée vague ou précise.

Beaucoup de gens sont induits en erreur en faisant l'amalgame entre le bien et le mal. Peut-être qu'au fond de leur-même ils ne cherchent rien qu'une paix en évitant autant que faire se peut d'avoir des problèmes. Les autres qu'ils côtoient au quotidien ont choisi leur chemin en toute âme et conscience. Un individu ayantchoisi de suivre un chemin sinueux s'embarrasse peu des moyens. Ainsi, entre un citoyen pacifique agissant dans les limites des bienséances et celui estimant pouvoir utiliser les autres à sa guise et en tirer profit, la différence est de taille.

....

Un individu méchant, affreux et vilain, n'est pas devenu comme tel du jour au lendemain. Lui, oublie, peut-être, qu'il a été touché au plus profond de son être...

suite à quoi il a pris la décision de changer d'itinéraire qui l'a mené à cette situation actuelle. Peut-être que par moment il pense être allé loin et essaye de freiner un tant soit peu son enthousiasme et à jeter du lest. Un autre, n'a fait que suivre les traces d'un parent ou tuteur. Que de fois, confronté à un problème, il est allé trouver ce parent, sorte de maître, pour lui faire part d'une hantise qui l'habite. Le soi-disant maître a plus d'un tour dans son sac, pour avoir roulé sa bosse un peu partout. Peut-être que le problème qui lui est soumis n'a aucun poids devant d'autres qu'il a surmonté, alors, il lui recommande que pour s'en sortir : il n'a qu'être plus pourri qu'il ne l'a été auparavant !

---- et voilà que tu commences à verser dans les sentiments ! Qu'il lui dit.

A des degrés plus graves il lui susurre que dans une jungle en folie il n'y a pas placeaux sentiments...

Chapitre : 17 Une personne athée, a-t-elle des sentiments ?

Il faut avoir à l'esprit, continue Mr. Hmida -- peut-être en train de divaguer-- en mêlant les sentiments que pourrait avoir un être humain en général et celui désigné comme un athée en particulier, à la gestion d'un ou plusieurs produits en l'occurrence des pièces mécaniques du fait qu'i a été gestionnaire durant plus de 28 ans, que les sentiments qu'éprouve tout un chacun a une relation très étroite avec :

---- son égo ;

---- son état de santé ;

---- sa situation sociale ;

---- sa foi ou son absence etc.

Il est chez les citoyens de leur état, à travers les quatre coins du globe, une foi qui prime sur toute autre considération du fait qu'elle détermine un but à atteindre. Généralement un croyant qui couve une foi, une vraie, en son sein, estime que ce passage sur terre pourrait servir dans un au-delà ; un athée veut tout et tout de suite ; d'où le développement chez l'un et l'autre d'une mentalité propre à chacun. A différent degré chez les uns et les autres, on passe de la surprise à l'étonnement pour se faire à la longue une idée vague ou précise.

....

Un proverbe énonce que ---- si tu veux connaitre quelqu'un, donne-lui une responsabilité…

Sur le terrain en tant que gestionnaire des achats et approvisionnements, Mr. Hmida a eu l'occasion de voir ses collègues à l'œuvre. Le Mr. Dix-pour-cent, que cesoit en monnaie nationale ou en devises étrangères, à tous les niveaux, pullule telsdes criquets pèlerins ; les honnêtes gens, patriotes ou nationalistes, de leur état ressemblent à des merles avec une plume blanche à leur queue.

……………………………… ……………………… ………………………………

Surement que ces gestionnaires corrompus pensent être plus intelligents, que leurs collègues honnêtes ou se faisant passer conne tels, par le fait d'avoir découvert cette possibilité de s'enrichir illicitement. Une fois pourtant, un des leurs à été sérieusement inquiété dans une affaire presque sans issue de sortie ; etqu'est-ce qu'il a dit ce sujet à détournements de biens publics ! Il y a surement quelqu'un d'envieux qui cherche ma perte ; sans ça il n'y a aucune possibilité de me pincer…

………………………… ……………………………… ………………………………………

Assurance de soi, les individus de mauvaise foi développent toute une psychologie liée à la possibilité de gruger les autres, qui n'ont pas encore compris ; rien qu'un sentiment qui fera son bonhomme de chemin, peut-être, très longtemps, sauf cas de force majeure. Ce type d'individu a l'art et la manière de mentir, et son moi profond prime sur toute autre considération !

………………………… ……………………………… ………………………

Sauf quelques rares illuminés, pour s'être abreuvé à la bonne source, il est des gens qu'on n'arrive pas à situer exactement sur l'échiquier social. Dans un secteurd'activités national ou bien privé, ils s'attribuent la responsabilité de veiller aux grains alors que leur intervention ne se limite rien qu'à une seule tâche pour laquelleils sont payés ; un sentiment qui dénote l'ignorance d'un milieu, peut-être, pourri jusqu'à la moelle osseuse.

Chapitre : 18 Les maladies de la religion

Mr. Hmida, écrivain public, assis sous un arbre devant le bureau de poste d'un village au nom de : ... continue à disserter en accouchant noir sur blanc une sorte de mémoire en abordant cette fois-ci la gestion des sentiments.

Des manifestations humaines qui se traduisent par un comportement plus ou moins sensé ou qui prête à équivoque. Comportement, ayant un sens, est ni plusni moins celui faisant la part des choses et obéissant à des lois naturelles qui ont comme base : l'égalité entre humains en matière de droits et de devoirs. Il est question d'essayer de vivre le temps qui nous est imparti de bout en bout ; de bien connaitre ses droits et ses devoirs sans excès de zèle. Malheureusement, certaines circonstances font qu'il est confusion et amalgame de complexe de supériorité et autre plus grave, celui d'infériorité.

....

La pratique de la religion au jour d'aujourd'hui est devenue une sorte d'héritage au sein des sociétés se réclamant avoir la foi. Un enfant, dans bien des cas, vient au monde dans un milieu où elle est présente en force ; parfois c'est une sorte de vernis seulement alors qu'à l'intérieur c'est tout autre chose. Toutes les religions :judaïsme ; christianisme ; islam, sont vieilles comme le monde et leurs préceptes sont connus et travaillés depuis leurs naissances et continuent à être sassées et ressassées par des croyants versés dans cette étude religieuse, d'où la continuité de leur présence à travers les siècles. Cependant, l'idée qu'on s'en fait varie d'unefamille à une autre et d'une personne à l'autre ; il est question d'école qui forme des disciples.

....

Avant ces trois religions monothéistes il y a eu d'autres qui ont fait leur temps et perdu beaucoup de leur valeur intrinsèque et revêtu parois un caractère de non- sens pour réunir dans leurs préceptes des contradictions, pour avoir été manipulées par plusieurs races d'hommes et traduites dans plusieurs langues. À chaque fois, donc, il y a eu envoi d'un messager pour correction ; une religion qui remplace une autre dans le sens de la continuité d'un même ordre divin qui se veut que : Dieu est unique. Avant l'envoi d'un nouveau messager il y a eu toujours quelque chose comme un passage à vide où a régné une sorte de confusion etd'ignorance.

....

Hier comme aujourd'hui, la religion a fait l'objet d'un détournement à des fins

:

---- politiciennes ;

---- d'un bien en espèce ou en nature ;

---- fuite de la réalité etc.

Il suffit, parfois, dans un milieu de gens profanes, de citer une phrase et de l'attribuer au Dieu ou à son messager pour avoir gain de cause. Très peu de gens clament haut et fort leur athéisme de peur de leur coller une étiquette. Il est question plutôt de faux croyants et plus encore d'hypocrites au sens large du terme. Ainsi, beaucoup de ceux qui prêchent la bonne parole, parlent de possibilité de retour au droit chemin et font référence à une époque des messagers et autres apôtres. Mais cela ressemble à quelqu'un qui prêche dans undésert. Mais qu'en est-il des nouvelles générations qui viennent au monde dans un milieu où les préceptes de la religion sont brouillés à tel point qu'il est difficile voire impossible de trier le vrai du faux ?

Chapitre : 19 Maladies de la religion.... suite

Un univers sans Dieu, existe-t-il ? Mr. Hmida pose cette question et répond parlui-même, et dit - j'ai connu un individu qui m'a conté son histoire pour soutenir qu'il a vu le jour dans une communauté au sein de laquelle le bon Dieu revenait sur toutes les lèvres, pas pour louer sa sagesse, sa science et sa miséricorde mais pour faire peur aux enfants. Dans cette optique, cette méthode marche avec des gosses, filles et garçons, un peu faibles d'esprits. Il suffit à ces derniers de revendiquer un droit des plus élémentaires pour que le spectre de la colère divine soit brandi. Seulement, au sein d'une famille de ce type- là, il est parfois des enfants intelligents qui en un temps record arrivent à percer le mystère. Les propos de leurs parents entrent par une oreille et sortent de l'autre. La réalité ne peut être clamée haut et forte ------------------------- que ce que nous cherchons est de vous asservir ! et puis avoir une paix pour ne pas être dérangés et agir comme bonnous emble.

Ceux parmi les parents dotés d'une intelligence en souffrent moins, ils deviendront rusés, des menteurs, et plus tard observent la même politique avec leur progéniture. Ceux moins doués ou bien ayant des prédispositions à avoir de lafoi en souffrent énormément et développent des troubles psychologiques divers.

....

Mais on dirait qu'au sein d'une communauté sans Dieu, ces mécréants font tout pour bannir la foi de leur foyer ; la religion est combattue d'une manière indirecte du fait que celui qui croit est châtié ; l'autre qui découvre la débauche est encouragé.

----- malade depuis un demi- siècle, a dit celui qui a ouvert son cœur à Mr. Hmida, j'ai fait comme traversé un désert pour m'abreuver à la bonne source.

Et de continuer ----- j'ai toujours eu du sentiment dans le bon sens pour la religion. Tranquille, dès ma tendre enfance j'ai su me débrouiller tout seul pour nepas avoir de problèmes. Cependant, ce comportement n'a pas été bien vu par ceux de mon environnement. Et pourtant que de fois je me suis manifesté pour opposer un refus. Eh bien, s'en est suivie une bonne raclée !

....

En matière de religion, un sentiment ne suffit pas ; comme qui dirai : l'habit ne faitpas le moine, surtout qu'il faut prendre en considération qu'il y a ennemi en chair et en os et un autre invisible appartenant à une autre dimension ; les deux sont des ennemis du bien et de la religion. A l'affut, ils cherchent à dérouter quelqu'un de mon espèce, et dans bien des cas, ils arrivent au but.

Que de jeunes hommes et femmes arrivent à percer et acquérir une élévation spirituelle en bonne et due forme, une ouverture d'esprit à même de leur faciliterce passage sur terre et être agrée auprès de leur créateur dans un au-delà, hélas, ce n'est pas toujours le cas, ils peuvent subir l'effet d'un métal chauffé à blanc puis plongé dans un liquide glacé ; tout juste un sifflement qui cache une souffrance pour rien.

....

La religion : un chemin qu'emprunte un croyant pour le mener, contre vent et marais, à bon port. Sur cet itinéraire choisi en toute âme et conscience, plus d'un le découvrent comme une ligne droite, peut-être que dans le fond qu'ils visent, sans détour, un au-delà, sans quoi ce passage sur terre n'a aucune signification. Dans la forme il est semé d'embuches. Et puis il y a surtout les autres, qui peuplent notre environnement, qui ne souffrent pas qu'on leur fausse compagnie. Un premier temps il faut surtout enregistrer tout ce qui a trait à la pratique de la religion ; pour se faire une idée précise il faudrait du temps. Et puison n'est pas sorti de l'auberge du fait qu'il faudrait tout revoir, un passé qui s'étend de la tendre enfance jusqu'au jour de la naissance de l'idée précitée, bonne ou mauvaise, on essaye de corriger à la lumière de cette dernière d'une longue série. Le tout consiste à développer une nouvelle mentalité.

…………………………………… …………………………… ……………………..

Même avec l'assistance d'une tierce personne versée dans l'étude de la religion, passer carrément à côté de la plaque n'est pas du tout à écarter. Le monde est enperpétuel mouvement, et la vision d'un des soi-disant maîtres a fait son temps dans un passé lointain. Peut-être, que le présent apporte du nouveau, du jamais vu ni entendu, il faudrait donc prendre ses directives et recommandations avec des pincettes. Tout gober, sans faire le tri avec constat de ce qui prévaut sur le terrain, engendre des maladies très graves liées à une mauvaise compréhension de la religion.

Chapitre : 20 Gestion des sentiments.... Quelque chose entre deux extrêmes

Le juste milieu dans la pratique de la religion serait la prise de conscience de notre limite en tant que créature faible, ignorante. Et cette tentative de rapprochement de notre seigneur a pour but l'acquisition d'une science afin de bien mener notre passage sur terre et une préparation à une autre existence dans un au-delà. Cependant cette approche n'est pas du tout facile et un tas d'éléments nous mettent des bâtons dans les roues afin de gêner notre progression. Il y a d'abord le mal, toute une dimension, qui agit par le moyen de tout un réseau constitué dedeux entités, l'une diabolique et l'autre humaine en chair et en os, lesquelles visent la destruction pure et simple de l'humanité.

....

Humanisme, vous dites ?

Beaucoup de gens agissent comme des bêtes sauvages, et encore plus, ne tiennent pas compte de leurs limites, là où commencent celles des autres. Sur les ruines de leurs semblables, leur fortune est bâtie. Quels sentiments se fait ce typed'individu ? Ce qui est sûr c'est qu'il n'ose pas les avouer, il argue pour cela : que les autres pour peu qu'ils aient l'occasion ils feront de même et plus encore. En parallèle il y a l'individu qui n'a pas compris ou bien se fait une idée fausse. A tous les niveaux des classes de la société : jeunes ou vieux ; chômeurs de leur état ou salariés, généralement beaucoup le prennent pour quelque chose comme l'idiot du village ! Dans la plupart des cas, il dit avoir la foi mais il n'en n'a point. Plein auxas de sentiments qui dégoulinent de son pot, il les jette par les fenêtres ; pour combien de temps ? Sauf prise de conscience, à un certain moment il aura son pottari avec un cœur dur comme de la pierre.

Dans le même cas, il existe d'autres qui cherchent à se ranger après une vie de débauche. De ce fait, ils font comme une entrée fracassante dans un monde qu'ils ne connaissent que par ouïe dire.

....

Un changement de situation introduit inévitablement un changement de comportement. On est riche et on devient pauvre tout d'un coup ; athée et on veut donner un sens à son existence---- le contraire est valable aussi cela
pousse à se chercher longtemps avant de trouver ce qui sied à cette nouvelle situation. Crise, en bonne et due forme, s'installe et dure parfois dans le temps ; cela ressemble à une nouvelle idée à la lumière de laquelle on doit tout revoir et se faire une nouvelle mentalité qui tient compte de la nouvelle donne. Cependant,durant ce laps de temps, l'irréparable pourrait être commis.

....

Au sein des pays civilisés, le recours à des spécialistes en l'occurrence des psychologues, psychothérapeutes etc. est tout ce qu'il y a de plus normal. Dans d'autres lieux, ces derniers interviennent en cas de force majeur. Et pourtant ce n'est ni plus ni moins qu'un changement qui intervient en matière de gestion avec un apport d'éléments nouveaux, avec lesquels chevauchent en parallèle des problèmes inconnus auparavant.

Chapitre : 21 Gestion des sentiments : origine et développement

A l'origine il y a deux sentiments qui prédominent : le bien- être et son contraire. A des degrés différents, un sentiment s'affaiblit ou s'intensifie ; se combine avec un ou plusieurs autres pour élaborer tout autre chose. On parle d'un sentiment deconfiance qui s'installe suite à des propos échangés avec quelqu'un. Il est question aussi d'électricité dans l'air qui résulte d'un sentiment de peur et d'angoisse. Toutefois, quelle est l'attitude à observer en de pareilles circonstances ?

…………………………… …………………………… ……………………………

Toute situation a des limites dans le temps et dans l'espace. On pourrait minimiser les faits voire prendre toute chose à la légère ; on pourrait les gonfler démesurément. Entre en jeu un tas d'éléments :

----- des expériences similaires vécues de par le passé ;

----- un cerveau développé par le moyen d'une culture riche et variée qui renvoie àquelque chose de déjà vue ou entendue etc.

Le plus grave serait le développement de faux sentiments, en relations avec des sentiments qu'on n'arrive pas à définir leur nature. On imagine, par le moyen de quelque chose qui traverse notre esprit que désormais tout ira pour le mieux ou bien que c'est là notre fin. Dans bien des cas, on aura l'impression d'évoluer comme dans un rêve au milieu d'un paradis sinon un cauchemar à tel point que lapersonne en proie à ce genre se met à délirer.

…………………………… …………………………… ……………………………

Que faire et quelle attitude adopter en matière de sentiments qui se déclenchent d’une manière automatique et ont comme siège le cerveau pour :

---- vouloir se montrer généreux ?

----- prendre quelqu’un en pitié ?

----- fumer de rage et faire montre d’hostilité ?

La gestion des sentiments qu’est, entre autres, une sorte de préparation psychologique avec une élaboration de tout un programme d’actions, trouve, dans tous les cas de figure, son application quelque part au cours de la vie au quotidien. C’est surtout lorsqu’on se trouve confronté à des situations graves, où une prise de décision s’impose, que la gestion des sentiments fait d’un individu, homme ou femme, un quelqu’un ayant une personnalité forte ou faible.

Chapitre : 22 Le sentiment sous effet de : …

Les voyages forment la jeunesse, cultivent, en quelque sorte etc. ils permettent le développement de sentiments nouveaux. Changer de situation ; guérir ou tomber malade ; prendre de l'âge etc. cela aussi a un effet sur les sentiments lesquels disparaissent à tout jamais, s'affaiblissent ou bien reviennent après temps comme revigorés. Il suffit parfois de l'ajout ou de retranchement d'un quelque chose pour que le sentiment envers telles personne subit une métamorphose. Avec le temps, suite à d'autres événements qui interviennent dans la vie de quelqu'un, sans le vouloir, il y a comme un passage en revue, une sorte de mise au point avec soi- même, changer d'attitude à l'égard d'untel dans un sens ou dans un autre.

Etude de cas

Premier cas :

Une existence qui s'étale sur une soixantaine d'années ressemble, dans bien des cas, à une caravane comptant des centaines de chameaux et plus peut-être, dont chacun d'eux est chargé d'un conteneur rempli de sentiments. D'un chameau à l'autre, on a l'impression d'évoluer en visiteur dans un grand musée d'art ou bien faire le tour d'un site archéologique. Nettement, on fait le constat de sentiments qui s'opposent les uns aux autres ; s'inscrivent parfois dans la continuité ; le tout s'achemine sur un parcours en dent de scie.

....

Tous les chameaux sont chargés d'une même quantité de sentiments ? Non, certains semblent plus légers, et quoi qu'ils évoluent en fermant la marche de lacaravane du fait qu'ils sont plus anciens et leur marchandise vieille comme le monde, si l'occasion leur est donnée ils dépassent les autres et changeront de classement. Par contre, certains chameaux font comme trainer la patte.

....

Le dernier chameau est chargé d'un ballot qui renferme des sentiments de la tendre enfance.

....Le destin a voulu que je voie le jour au sein d'une famille qui n'a pas le sou. Mais là n'est pas le problème que dans le quartier où nous habitions les voisins étaient tous logés à la même enseigne. Sans une prise de conscience précoce qui s'agitait au fond de mon être, j'aurais écoulé des jours heureux. Hélas, mes oreilles interceptaient de temps à autre qu'un tel avait une ferme agricole ; un autre avait une voiture, et découvrais des plats succulents qu'il mangeait au quotidien. Résultat est que je ne cessais de me triturer les méninges en me posantdes questions bizarres telles que qu'est-ce que je suis venu faire dans ce monde ? Survient des sentiments à la pelle, liées à une misère sans nom et un avenir incertain, quoi que mes parents me berçaient : que j'avais toutes les chancesd'habiter de somptueuses villas ; eux qui se plaisaient de vivre dans un minable gourbi !

....

Au gré des événements, mes sentiments suivaient le cours de mon adolescence etpuis ma jeunesse. Notre situation sur l'échiquier social restait géo stationnaire. Parfois, une lueur d'espoir illuminait notre ciel couvert d'un gros nuage noir ; il nepourrait rester longtemps sur place, il était toujours chassé par un vent violent émanant des tourments d'une vie. Un autre nuage prenait sa place, plus noir encore et plus épais !

....

Chassé du lycée avec un tas d'autres élèves, faute de places disponibles, moi j'étais presque heureux estimant être délivré d'une prison tandis que les autres pleuraient leur infortune. Durant deux longues années il y a eu comme une descente aux enfers. Quel sentiment puisse développer un adolescent sans le souet trainant ses savates à longueur de journée ? Et puis les autres de mon entourage n'ont pas été du tout gentils, ils trouvaient en ma déchéance une occasion pour redorer le blason de leur progéniture exclue de l'école primaire. Lesentiment que j'ai galéré pour rien me prenait de temps à autre.

A la maison mes parents me poussaient d'aller chercher du travail ; j'ai senti l'amertume d'un abandon pour essayer de voler de mes propres ails, fragiles. Heureusement, qu'un ordre d'appel du service militaire est venu mettre un termeà un désespoir.

……………………………… …………………………… …………………………

La vie réserve parfois bien des surprises, à un moment où on pense avoir tout perdu, me voilà devenu sergent, grade accroché aux épaulettes. Deux années passées au milieu des hommes de troupe m'ont fait découvrir des vertus cachées.J'excelle dans deux langues et mes élèves n'avaient aucune instruction presque tous. Plusieurs ont pensé que j'étais un maître d'école et je n'ai pas voulu les contrarier. Ah, s'ils savaient ce que j'ai fait avant de rejoindre les rangs de l'armée !

……………………………… …………………………… …………………………

Celui qui a dit : que parfois pour monter il faudrait descendre et entamer une ascension à partir de la cave là où sont les premières marches d'un escalier se perdant dans le ciel, n'a pas du tout tort.

La facilité n'aurait pas fait de moi un être sensible à l'écoute de mes semblables ; j'aurai perdu ma foi et mon âme. Cependant, il y avait matière à réflexion et surtout l'existence d'un problème monstre ; justement cette sensibilité a failli meperdre. Avec le temps, aujourd'hui, je réalise ce que veut dire la vie en société.

……………………………… …………………………… …………………………

Mes parents ont-ils accompli leur mission comme il se doit ? Non. Ils m'ont lâché dans une jungle en folie. Sans préparation aucune j'ai mis un pas dans le milieu professionnel pour faire la malheureuse découverte de mon handicap mental. Il est question d'un défaut, en eux ou en ma personne ? Un premier temps, j'ai été àla recherche d'une tendresse inexistante au sein du foyer familial. Surement que mes collègues de travail ont su ce qui n'allait pas en moi, et par conséquent ont usé et abusé de ma patience. Il a fallu faire travailler ma jugeote pour me situer par rapport à beaucoup de collègues évoluant dans mon environnement.

……………………………………… ……………………………………… …………………………

Il était question d'un avenir professionnel, et la pitié qui n'est qu'un sentiment était bannie et, surtout lorsqu'il y a lieu de toucher un pot de vin, on devient dansces conditions affreuses, vilain et méchant. Il a fallu donc ouvrir un dossier, dans matête, à chaque collègue de travail et lui réserver un traitement qui va de pair avecle sien. Lorsqu'on met du cœur à l'ouvrage, le résultat même s'il tarde à être au rendez-vous se pointera quand même. Ainsi, j'ai appris à contenir ma joie et ruminer ma rage en silence ; je me suis exclu de ma famille par ma seule volonté ; un avis quelconque laisse apparaitre, parfois le contraire, comme pleurer au lieu et place de manifester sa joie ; rire à gorge déployée alors qu'il convient de verserdes larmes. Plus fou que ce que j'ai fait il n'y a pas ; c'est là le prix à payer en matière de gestion de sentiments que j'assume sans remords.

Deuxième cas :

Il n'y a pas que l'amour entre mari et femme vivant sous un même toit et partagent le bien comme le pire, et surtout que de cette union sont issus mes deux enfants. La famille en question est venue s'installer à quelques pâtés de maisons de ma demeure. Je revois la femme qui se meut tel un automate, un chemisier fin qui lui colle à la peau. A bien scruter sa démarche elle semble inquiète. Quelques jours plus tard en passant près des nouveaux voisins j'entendsquelques bribes d'une conversation entre un homme âgé et un autre plus jeune. Le vieux s'inquiète et demande : --- et qu'est-ce qu'il a dit, le mari ?

Vu le ton grave du vieux bonhomme, il est question d'un mal entendu et peut-êtreplus entre mari et femme. Quelques jours plus tard, le couple qui avait qu'un seul gosse a un deuxième enfant. Quelques mois plus tard, le mari rend l'âme de bon matin. Mais on dirait une mort naturelle si la veuve ne change pas de comportement. Mais on dirait qu'elle vient d'être libérée et sortie d'une prison pour se promener à travers les voies du quartier. Elle pousse le culot plus loin et elle vient frapper à ma porte ; sans l'ombre d'un doute qu'elle a vu ma femme et ma fille partir en ville. Je suis monté sur la terrasse pour voir qui tape à ma porte, du fait qu'elle n'a prononcé un mot, et je n'ai pas voulu ouvrir. Quelques jours plus tard elle revient à la charge pour une autre affaire, ma femme est à la maison,et comme on se querellait elle et moi personne ne lui ouvre la porte. Et elle proteste la Dame, qui signifie qu'elle vient pour nous inviter à une collation, son fils ainé vient de réussir à un examen pour rentrer au lycée.

....

Le cas de la veuve d'un mari décédé pas très longtemps m'intéresse et c'est alors que j'apprends que dans une même journée elle est partie assister à un enterrement d'un voisin et en revenant elle est allée honorer par sa présence la célébration d'un mariage ! je me suis dit qu'il y a du louche dans cette affaire, seulement les carottes sont cuites, il est impossible de faire revenir le défunt de mari de sa tombe. Le médecin qui a signé le permis d'inhumer n'a vu que du feu. D'autre part, le défunt que Dieu ait son âme a été opéré du cœur il y a quelques années de cela avant son emménagement en ce lieu de résidence et prenait journellement un tas de médicaments. S'agit-il d'un accident ou autre ? Moi qui suis très imaginatif, dans ma tête j'essaye de retracer le cours des événements en tenant compte des racontars eu sujet de la Dame veuve ; sans nul doute son défunt de mari était ce qu'il y a de plus méchant, affreux et vilain de la gente masculine ; la veuve a de par le passé fait plusieurs fausses couches pour un mauvais traitement ; une vie conjugale qui s'apparente à un esclavagisme dont la victime était cette femme. Dieu seul sait ce qu'elle a enduré, mais elle a pris son mal en patience. L'idée de mettre à exécution sa vengeance a germé dans sa tête juste après le changement de la résidence. Loin de sa belle -mère et autres membres de la famille, elle pourrait lui avoir doublé la dose de ses médicaments, ce qui explique ce comportement après le décès de son mari. Sans preuve aucune,sur laquelle je m'appuie, et puis de quoi je me mêle, il s'agit donc d'étude de sentiments que développent les uns et les autres citoyens de leur état. Je dirai quecette Dame aurait pu éviter le pire et demander un divorce tout bonnement. Mais non, elle n'a fait que suivre son instinct de conservation, un sentiment qu'éprouve un animal se trouvant face à un danger. Le défunt s'il avait su gérer ses sentimentset tenu compte que son épouse comme elle a fait semblant de l'aimer, au fond de son cœur elle l'a haï réellement.

Troisième cas :

Je pleure mon ex collègue de travail. Le destin a fait que nous travaillons ensemble durant un temps limité. Moi je suis parti très tôt en retraite anticipée àl'âge de 50 ans ; lui a terminé ses 60 ans pour avoir une retraite complète. Nous habitions aussi le même patelin. Je l'ai vu joué à l'écrivain public devant un bureau de poste de : ... après un temps j'ai oublié cette affaire. Six années plus tard après avoir repris mes forces me voilà en train de chercher un boulot pour gens retraités gardant toujours bon pied bon œil. Le destin a fait que je passe devant le bureau de poste précité, il n'y avait personne comme écrivain public. Le lendemain matin, un mardi, je me pointais à l'ouverture du bureau armé d'unstylo et une sou -main pour remplir chèques et mandats pour les clients.

Trois jours sont passés sans incident, et comme c'était le paiement des personnesretraitées je me suis fait quelques sous. Le quatrième jour c'était un jour férié de fin de semaine. Le cinquième jour Omar mon ex collègue de travail se plaça tout d'un coup droit devant moi comme tombé du ciel.

---- et qu'est- ce que vous venez faire par ici ? Me dit-il. Cette place est la mienne, je travaille là cela fait dix- huit mois.

J'ai refusé de plier bagages et je suis resté sous un arbre à jouer à l'écrivain public.Lui est entré dans le bureau de poste et interceptait les clients, leur arrachant chèques et mandats de leurs mains de sorte que les rares clients qui réussissaient à lui échapper et parvenir jusqu'à moi se comptaient sur les doigts de la main. Le lendemain Mr. Omar n'était pas au rendez-vous !

....

J'ai appris plus tard que Mr. Omar travaillait toujours à l'entreprise, et les journéesdu samedi il venait faire un peu d'argent de poche, et par conséquent faisait tout pour me faire débarrasser le plancher. Cela dura quatre années de cette manière, exception faite lors de son congé payé au mois d'aout où il s'installa durant 30 jours. A la quatrième année il a pris la ferme décision de rester sur place jusqu'à sadernière heure sur terre. Dans ce sens, d'après ses dires, cela fait un bout de temps qu'il travaillait avec contrat puis se contredisait et parlait de prime de départ en retraite qu'il allait toucher. L'été s'acheva lorsqu'il manqua au rendez- vous tous les matins.

Un mois et demi plus tard il a refait surface très mal au point. Je ne reconnaissaisplus Mr. Omar qui avait l'habitude de bomber sa poitrine et évoluait en dansant. Il était là, l'esprit ailleurs, dans les nuages, amaigris avec des lunettes de vue, et encore n'arrivait plus à déchiffrer une écriture !

....

J'avoue être allé à la va-vite et décrit le superficiel au détriment de l'essentiel, enl'occurrence son comportement vis-à-vis de ma personne et surtout des clients. En ce qui me concerne, sans pitié il a essayé de prendre tout le travail pour lui neme laissant que quelques miettes qu'elles lui échappaient ; il était diabétique ; il exigeait des clients des prix exorbitants.

....

J'avoue aussi que je ne connaissais pas assez Mr. Omar. Toutefois, les clients, surtout ses voisins de passage par le petit patelin, et autres résidents à la commune, n'ont pas manqué, en qualité de fins observateurs, d'avoir une idée claire et précise du manège qu'il faisait. Un des clients qui était au courant de sa situation financière m'a assuré qu'il touchait par mois une somme faramineuse.

--- mais qu'est-ce qu'il vient foutre ici ? M'a –t-il dit. Un voisin à lui m'a touché un mot que le bonhomme en question a une femme méchante à ne pas décrire ; queparfois il sortait de sa demeure le soir pour se défouler et que sa femme trouvait un plaisir fou à fermer la porte et le laisser poireauter jusqu'à une heure tardive.

En dernier lieu, un ex collègue de travail m'a fourni une information qui a boucléla boucle. Mr. Omar a épousé une femme qui a travaillé avec lui dans la même entreprise elle vient de la capitale, me dit-il, et elle est du genre qui ont la rage de vivre, s'habiller avec goût et cherchait à vivre au présent sans se soucierd'un lendemain.

....

Par un après –midi, un client de la banque, pas très distante du bureau de poste, est venu s'inquiéter de la santé de Mr. Omar ---hier seulement, il est venu retirer une grosse somme d'argent, surement sa prime de départ, au sujet delaquelle il s'inquiétait, me confia-t-il.

En dernier lieu, un commerçant à proximité du bureau de poste a eu à s'entretenir avec Mr. Omar venu lui demander l'adresse d'un médecin, il était accompagné de son fils, il s'appuyait sur une canne.

....

A l'heure où je rédige ce manuscrit et je cité, comme objet d'étude entrant dans lagestion de sentiments, Mr. Omar, encore en vie, alité surement dans sa demeure, je qualifie ce bonhomme sans détours par : un individu qui a développé une méchanceté extrême suite à un mauvais traitement dispensé par son épouse. Et jeme permets pour clore cette étude en posant la question : qui pourrait être la femme de Mr. Omar ? Un monstre qui a trouvé une occasion pour chiper la prime de départ en retraite de son Mari !

Surement que le mal dont souffre Mr. Omar n'est qu'un empoisonnement par le moyen d'une recette connue par de vieilles femmes, des sorcières sans foi ni loi. Mr. Omar aurait pu faire mieux en sachant gérer ses sentiments et choisir une femme de bonne famille qui craint Dieu et qui fait passer le sentiment noble qu'est l'amour entre mari et femme avant toute autre considération.

Conclusion :

Quelle conclusion tirer après lecture de cet ouvrage ? Peut-être qu'aucun auteur n'a eu l'idée de traiter un pareil sujet qui assimile l'être humain à une machine sinon à secteur d'activité. Gérer ses sentiments au jour d'aujourd'hui devient impératif sans quoi c'est tout bonnement se laisser aller à la déperdition. Au sein d'une société qui ressemble à une jungle en folie, depuis très longtemps en effet, les gens sont devenus méchants et ont adopté la ruse ; l'innocence, dans bien descas, n'est qu'une ignorance de la nature des uns et des autres qu'on côtoie au quotidien. Ceux et celles qui disent ne croire ni en Dieu ni à Satan ce sont là les vrais ennemis de l'humanité ; ils sont anti progrès, anti sociaux.

....

Tout le monde ne peut être savant. Cependant, une connaissance de soi, de ses capacités réelles, de ses qualités et de ses défauts etc. devient impérative. Il est question ni plus ni moins d'essayer, lorsque les circonstances le permettent de revoir les actions entreprises aussi loin, dans le temps, que possible. On n'a pas toujours raison, et la vérité est notre objet de recherche, un but atteint par de rares individus en quête d'une vérité qui cache bien des défauts lies à une mauvaise interprétation des propos qu'on échange au quotidien avec autrui.
Notre situation, celle que nous vivons en individu : riche ou pauvre ; malade ou enbonne santé ; complètement illettré ou éminent érudit etc. produit, parfois, à notre insu son effet. Elle est susceptible de nous ouvrir bien des portes lesquelles pour les franchir il faudrait montrer patte blanche.

....

Pourquoi incriminer les autres, nos semblables, lesquels, parfois, agissent en suivant aveuglement un instinct de conservation tout court ? Nous aussi ne sommes pas innocents. Notre moi profond nous joue des tours pour mal évaluer des qualités, les nôtres et celles des autres. Sorte de poste de douanes, nos sentiments sont filtrés, des visas sont exigées pour un séjour plus ou moins long, dans un état d'esprit, car susceptibles de produire un effet quelconque et changerle cours de certaines choses de la vie dussent êtres des plus intimes.

....

L'être humain, un émetteur/ récepteur, de sons et d'images ; d'idées folles genre âmes errantes, qu'il faudrait analyser avant de se faire une idée et plus encore une mentalité. Se faire une mentalité ou carrément la refaire est une opération delongue haleine genre reprogrammation partielle ou totale de la machine à penser.Bien que parfois cela laisse supposer avoir affaire à un camp de toiles qu'on pourrait monter et démonter à notre guise, le résultat en matière de gestion des sentiments est des plus désastreux et même fatal aussi bien en ce qui concerne la personne elle-même que sur les personnes qui peuplent son environnement subissant des retombées imprévisibles. On parle, dans bien des cas, de personnes ayant fait peau neuve pour ne plus être reconnus par les siens. Rigoureux, ils sont devenus du jour au lendemain, ou passifs à l'extrême, alors qu'une idée et une seule a fait son bonhomme de chemin dans leur tête. Elle a été sassée et ressassée nuit et jour pour aboutir à un point lequel pourrait être dépassé à la lumière d'une autre idée constructive ou des plus saugrenues.

Fin

Table des Matières

Printed by Books on Demand GmbH, Norderstedt / Germany